Bibliografische Information der Deutschen Nationalbibliothek:

Die Deutsche Bibliothek verzeichnet diese Publikation in der Deutschen National-
bibliografie; detaillierte bibliografische Daten sind im Internet über http://dnb.d-
nb.de/ abrufbar.

Impressum:

Copyright © 2010 GRIN Verlag, Open Publishing GmbH
Druck und Bindung: Books on Demand GmbH, Norderstedt Germany
ISBN: 978-3-668-17165-7

Dieses Buch bei GRIN:

http://www.grin.com/de/e-book/317854/die-gesellschaftliche-konstruktion-von-
fremdheit-eine-theoretisch-vergleichende

Christina Motz

Die gesellschaftliche Konstruktion von Fremdheit. Eine theoretisch-vergleichende Untersuchung am Beispiel "Migrationsanderer" in der Pädagogik

GRIN Verlag

GRIN - Your knowledge has value

Der GRIN Verlag publiziert seit 1998 wissenschaftliche Arbeiten von Studenten, Hochschullehrern und anderen Akademikern als eBook und gedrucktes Buch. Die Verlagswebsite www.grin.com ist die ideale Plattform zur Veröffentlichung von Hausarbeiten, Abschlussarbeiten, wissenschaftlichen Aufsätzen, Dissertationen und Fachbüchern.

Besuchen Sie uns im Internet:

http://www.grin.com/

http://www.facebook.com/grincom

http://www.twitter.com/grin_com

Universität Bielefeld

Fakultät Erziehungswissenschaft

Diplomstudiengang Erziehungswissenschaft

<u>**Vordiplomarbeit**</u>

Die gesellschaftliche Konstruktion von Wirklichkeit.

Eine theoretisch-vergleichende Perspektive am Beispiel „Migrationsanderer" in der Pädagogik.

vorgelegt von:

Christina Motz

1. Einleitung..3

2. Die Perspektive von Berger und Luckmann 4

   2.1. Alltagswelt als allgemeine Wirklichkeit..4

   2.2. Die Bedeutung von Typisierungen 5

   2.3. Die Rolle von Sprache und Wissen innerhalb der alltäglichen Wirklichkeit

  7

   2.4. Warum erscheint die Wirklichkeit gegeben, obwohl sie gemacht ist?.......9

3. Migrationsbericht 2008 11

   3.1. Relevanz des Migrationsberichtes 11

   3.2. Datenquellen des Berichtes..12

   3.3. Überblick zum allgemeinen Migrationsfluss..13

4. Die Perspektive Mecherils..14

   4.1. Der migrationspädagogische Blick...14

   4.2. Wer ist ein/e MigrantIn? - Der Begriff der „Migrationsanderen" 16

5. Gegenüberstellung beider Perspektiven 16

   5.1. Die Perspektive Mecherils im Vergleich mit der Position Bergers und

   Luckmanns..16

   5.2. Kategorisierung in Form von Zugehörigkeit bzw. Typisierung 17

   5.3. Diskurse bzw. Zeichensysteme als Mittel von Wirklichkeitserzeugung ..20

   5.4. Wissen als Machtinstrument gesellschaftlicher Positionierung.............21

6. Resümee 23

Literatur 26

1. Einleitung

Der alltägliche Diskurs über Migration behandelt häufig die Frage nach der Integration von „Migranten" und wie diese gelingen kann. Dabei wird auch überlegt, welche Programme bzw. migrationspolitischen Entscheidungen, wie beispielsweise staatlich verordnete Integrationskurse (http://www.zeit.de/2010/25/DOS-Deutschstunde), dazu beitragen können. So begegnen uns häufig Begriffe wie "Migranten", „Ausländer" und „Zugewanderte", welche zunächst als fremd, anders und nicht zughörig erscheinen und daher „Integrationshilfen" benötigen.

Nun möchte ich mich nicht mit der Frage, ob und in welcher Form solche Hilfen gerechtfertigt sind beschäftigen, sondern einige Schritte vorher ansetzten. Ich werde mich damit befassen, was „Migrationsandere" zu eben solchen macht und möchte dabei herausarbeiten, dass solche Kategorien bzw. Zuordnungen, obwohl sie konstruiert sind, Auswirkungen auf gesellschaftliches Leben haben.

Dabei setze ich mich mit zwei verschiedenen theoretischen Ansätzen auseinander. So werde ich zunächst die Theorie der „gesellschaftlichen Konstruktion von Wirklichkeit" von Berger und Luckmann darstellen und anschließend aufweisen, dass diese auch Relevanz innerhalb der Migrationspädagogik hat, indem ich diese Theorie mit der Perspektive Mecherils vergleiche. Denn mir ist bereits häufiger bei der Beschäftigung mit der Position Mecherils der Gedanke der gesellschaftlichen Gemachtheit, sowie der Begriff der Konstruktion begegnet. Zwar nicht immer in völliger Eindeutigkeit und Klarheit, jedoch durchaus als eine grundlegende Annahme erkennbar. Mein Fokus liegt dabei, wie bereits erwähnt, auf der Konstruktion von „(Migrations-) Anderen".

Das Ziel meiner Arbeit ist es nun, näher herauszuarbeiten, inwieweit die migrationspädagogische Perspektive Mecherils mit der Idee der gesellschaftlichen Gemachtheit einhergeht. Ich möchte untersuchen, an welchen Stellen sich Parallelen bzw. Abgrenzungen zwischen beiden Perspektiven ergeben. Dabei nehme ich einen theoretisch - vergleichenden Blickwinkel ein und betrachte die Relevanz der Annahmen Bergers und Luckmann für die migrationspädagogische Sicht Mecherils auf die Erzeugung von „Migrationsanderen". Ich verfolge nicht das Ziel, Mecheril als Wissenssoziologen[1] zu entlarven, sondern möchte lediglich aufweisen, an welchen Stellen er mit Berger und Luckmann konform geht, bzw. darüber hinaus.

2. Die Perspektive von Berger und Luckmann

2.1. Alltagswelt als allgemeine Wirklichkeit

In ihrem Buch „Die gesellschaftliche Konstruktion der Wirklichkeit" vertreten Berger und Luckmann unter anderem die These, dass unsere Wahrnehmung der Welt und das, was wir als Wirklichkeit bezeichnen im Grunde eine von uns selbst (kollektiv) produzierte Konstruktion ist. „`Wirklichkeit`" ist nach ihrem Verständnis „[…] als Qualität von Phänomenen zu definieren, die ungeachtet unseres Wollens vorhanden sind – wir können sie ver- aber nicht wegwünschen" (Berger/Luckmann 2007, S. 1). Ihr Augenmerk liegt allerdings auf der „Wirklichkeit der Alltagswelt" (Berger/Luckmann 2007, passim). Laut den Autoren gibt es auch andere Wirklichkeiten, wie beispielsweise die Wirklichkeit eines Traums, doch sei die „Wirklichkeit der Alltagswelt" dadurch gekennzeichnet, dass ich sie mit meinen Mitmenschen teile (Berger/Luckmann 2007, S. 25) und daher von besonderer Bedeutung.

Eine grundlegende Frage ist dabei, wie es dazu kommt, dass wir die Welt als stabil und gegeben wahrnehmen, obwohl sie letztlich von uns selbst konstruiert ist. „Wie ist es möglich, dass subjektiv gemeinter Sinn zu objektiver Faktizität wird?" (dies. 2007, S. 20). Die Alltagswelt, in der alle sich befinden, erscheint den Menschen sinnig, gleichzeitig wird sie von ihnen selbst mit Sinn versehen und existiert aufgrund ihrer Gedanken und Taten (dies. 2007, S. 21f.). Trotzdem erfahren wir sie als etwas Gegebenes, schließlich wurden wir in eine bereits bestehende Welt hineingeboren. „Die Wirklichkeit der Alltagswelt erscheint bereits objektiviert, das heißt konstituiert durch eine Anordnung der Objekte, die schon zu Objekten deklariert worden waren, längst bevor ich auf der Bühne erschien." (dies. 2007, S. 24). Zwar kann man die gegebene Wirklichkeit auch hinterfragen, dies ist jedoch mit einer gewissen kognitiven Anstrengung verbunden und zwingt den Menschen, seine Routine zu durchbrechen. „Die

---

[1] siehe Buchtitel: „Die gesellschaftliche Konstruktion der Wirklichkeit. Eine Theorie der Wissenssoziologie"

Alltagswelt behauptet sich von selbst, und wenn ich ihre Selbstbehauptung anfechten will, muß (!) ich mir dazu einen Stoß versetzen" (dies. 2007, S. 26). Dabei wird der Sprache eine wichtige Rolle zu Teil, denn über sie wird die Alltagswelt an mich heran getragen (ebd.). Wiederum macht hauptsächlich die Sprache eine gemeinsame Alltagswelt überhaupt möglich (dies. 2007, S. 37), was ich später noch näher ausführen möchte. Und obwohl ich mit allen anderen eine alltägliche Wirklichkeit teile, kann sich ihr jeweiliger Blickwinkel auf diese von meinem unterscheiden. Dennoch gibt es laut Berger und Luckmann so etwas wie eine gemeinsame Verständnisbasis, über die jeder einzelne verfügt. „Jedermannswissen ist das Wissen, welches ich mit anderen in der normalen, selbstverständlich gewissen Routine des Alltags gemein habe" (ebd).

2.2. Die Bedeutung von Typisierungen

Also teile mit meinen Mitmenschen sowohl die „Wirklichkeit der Alltagswelt", als auch ein bestimmtes Maß an Wissen (auch auf das Wissen werde ich später noch näher eingehen) über jene. Vor diesem Hintergrund trete ich mit anderen in Interaktion.

Als Basis jeglicher Interaktion in der Gesellschaft sehen die Autoren die so genannte „Vis – á – vis – Situation" (dies. 2007, passim). „Vis – á – vis" bedeutet „gegenüber" (Langenscheidts Power Wörterbuch Französisch. 1999) und meint in diesem Zusammenhang eine Situation, in der ich mit meinem Gegenüber in direkten Kontakt von Angesicht zu Angesicht komme. Sie ist die Interaktionsform mit dem höchst möglichen Maß an Direktheit und laut Berger und Luckmann „[...] verschafft (sie) mir die direkte Evidenz meines Mitmenschen, seiner Handlungen, seiner Eigenschaften" (dies. 2007, S. 34f.). Zwar gehört jemand, dem ich nicht gerade gegenüberstehe auch zur „Wirklichkeit der Alltagswelt", jedoch hat sein Dasein für mich einen qualitativ völlig anderen Grad von Wirklichkeit (dies. 2007, S. 32).

Nun ordne ich meine Mitmenschen bestimmten Typen zu – ich typisiere sie. Die Typisierungen entnehme ich der Alltagswelt. Die Wahl einer Typisierung hat Auswirkungen auf meine Einstellung und mein Verhalten bezüglich meines Gegenübers und mir erscheinen wiederum einige seiner Verhaltensweisen als typusbedingt (dies. 2007, S. 33 f.). „Die Wirklichkeit der Alltagswelt verfügt über Typisierungen, mit deren Hilfe ich den Anderen erfassen und behandeln kann. Ich sehe etwa `einen Kerl´ in ihm, `einen typischen Europäer´, `eine joviale Type´ und

5

so weiter. Solche Typisierungen wirken unausgesetzt auf meine Reaktionen [...]" (dies. 2007, S. 33). Typisierungen jedoch sind an sich keine unveränderlichen starren, Zuschreibungen, sondern lassen sich umgestalten bzw. korrigieren. Dies geschieht am einfachsten und wahrscheinlichsten in der „Vis – a – vis – Situation". Denn obwohl ich auch da meinem Gegenüber mit bereits getroffenen Typisierungen begegne, kann ich während der Interaktion auf direktem Wege wahrnehmen, wenn es sich im Widerspruch zu meiner ursprünglichen Vorstellung verhält und diese modifizieren. Geschieht dies nicht, steuern die Typisierungen weiter mein Verhalten (ebd.). So könnte ich beispielsweise jemanden auf Grund äußerer Merkmale als „AusländerIn" typisieren. Die Typisierung „AusländerIn" habe ich meiner Alltagswelt entnommen und passe mein Verhalten gegenüber der Person dementsprechend an. Vielleicht spreche ich in möglichst einfachen, kurzen Sätzen, da ich davon ausgehe, dass ein/e „AusländerIn" typusbedingt meine Sprache nicht sonderlich gut beherrschen kann. Stellt sich nun während unserer Interaktion das Gegenteil heraus, muss ich meine anfängliche Typisierung modifizieren.

Einen wichtigen Aspekt stellt dabei die Direktheit dar. Je weniger direkten Kontakt ich zu jemandem pflege, desto anonymer sind meine Typisierungen über diese Person. Je höher das Maß an Direktheit (dabei ist die „Vis – á – vis – Situation", wie bereits erwähnt die direkteste Form der Interaktion), desto weniger anonym sind meine Typisierungen über jene, denn durch die gemeinsame Interaktion bekomme ich immer wieder neue, lebendige Informationen über sie, die Einfluss auf meine Typisierungen nehmen und diese verfeinern (dies. 2007, S. 34f.). Die vorerst noch sehr anonymen Typisierungen werden „ständig mit vielfältigen, lebendigen Symptomen `aufgefüllt´ [...], in denen sich ein leibhaftiger Mensch anzeigt" (dies. 2007, S. 35). Menschen, mit denen ich keinen oder kaum Kontakt hatte, kann ich mir nur mit Hilfe anonymer Typen vorstellen. Also lässt sich sagen, dass abhängig davon, wie direkt oder indirekt ich meinen Mitmenschen erfahre, ich die Chance habe, bestehende Typisierungen zu korrigieren, bzw. mein Bild von ihm weiter auszubauen. Folglich entscheidet die Direktheit bzw. Indirektheit über die Anonymität von Typisierungen.

Sie ist jedoch nicht der einzige Faktor. Auch Interesse und Intimität nehmen Einfluss auf die Anonymität einer Typisierung. „Ich sehe den Zeitungsverkäufer an der Ecke ebenso oft wie meine Frau. Aber er bedeutet weniger für mich. Ich stehe nicht auf vertrautem Fuß mit ihm. Er kann relativ anonym für mich bleiben" (dies. 2007, S. 35). In diesem Fall besteht entweder keine Interesse an dem Zeitungsverkäufer oder zwischen den beiden herrscht nicht die nötige Vertrautheit oder aber beides wirkt zusammen. So bleibt er, trotz häufiger Kontakte, dennoch eine relativ anonyme Type (ebd.).

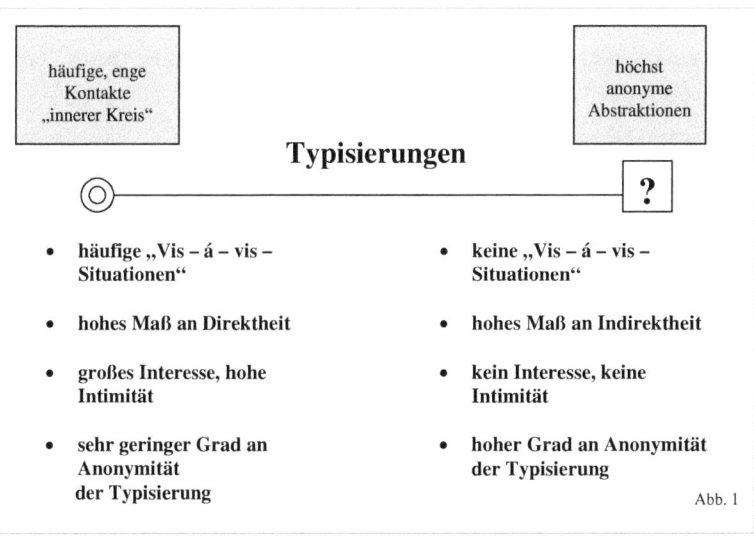

Abb. 1

„Die gesellschaftliche Wirklichkeit der Alltagswelt wird also als ein kohärentes und dynamisches Gebilde von Typisierungen wahrgenommen, welche um so (!) anonymer werden, je mehr sie sich von `Jetzt und Hier´ der Vis – á – vis – Situation entfernen. An einem Pol dieses Gebildes befinden sich diejenigen Anderen, mit denen ich häufige und enge Kontakte pflege, mein `innerer Kreis´ sozusagen. Am anderen Pol stehen höchst anonyme `Abstraktionen´, die ihrem Wesen nach niemals für Vis – á – vis – Situationen erreichbar sind" (dies. 2007, S. 36).

2.3. Die Rolle von Sprache und Wissen innerhalb der alltäglichen Wirklichkeit

Im folgenden Abschnitt möchte ich zwei Aspekte der Theorie von Berger und Luckmann, die vorhin bereits kurz erwähnt wurden, weiter ausführen. Dies sind die Sprache und das Wissen.

Laut den Autoren ist es unumgänglich, das Phänomen der Sprache zu berücksichtigen, um die „Wirklichkeit der Alltagswelt" zu verstehen

(Berger/Luckmann 2007, S. 39). Denn durch diese lassen sich Objektivationen erzeugen, die auch anderen Menschen zugänglich sind und Elemente unserer gemeinsamen Wirklichkeit darstellen (dies. 2007, S. 36). „Die Wirklichkeit der Alltagswelt ist nicht nur voll von Objektivationen, sie ist vielmehr nur wegen dieser Objektivationen wirklich" (dies. 2007, S. 37). Objektivation bedeutet „Vergegenständlichung" und meint eine Darstellung, die vom rein Subjektiven abgelöst ist (Duden. Das Fremdwörterbuch. 2007)). Wenn ich also zornig bin, ist das mein subjektives Empfinden in diesem bestimmten Moment. Diesen Zorn kann ich objektivieren, indem ich ihn sprachlich zum Ausdruck bringe. Ich kann mich dazu aber auch anderer Zeichensysteme bedienen. So kann z.B. eine geballte Faust als Ausdruck des Zorns verstanden werden. Auch bin ich in der Lage, meinen Zorn durch das Symbol einer Waffe oder einen Tanz zu objektivieren (dies. 2007, S. 37 ff.).

„Aber die enorme Vielfalt und Kompliziertheit der Sprache macht sie von der Vis – á – vis – Situation leichter ablösbar als jedes andere – beispielsweise ein Gesten – System" (dies. 2007, S. 39). Im Zuge dieser Vergegenständlichung durch die Sprache lassen sich also Sachverhalte „[…] vom unmittelbaren `Hier und Jetzt´ isolierter subjektiver Befindlichkeit [ablösen] […]" (ebd.). Das heißt ich kann mittels der Sprache auch auf etwas, das nicht gerade im aktuellen Moment gegeben ist zugreifen, da es mir in Form einer sprachlichen Objektivation zugänglich ist. Also wenn ich beispielsweise von meinem zornigen Nachbarn erzähle, muss jener in diesem Moment weder zornig, noch überhaupt anwesend sein. Ich bediene mich an Objektivationen, die auch allen anderen der alltäglichen Wirklichkeit zugängliche sind. Somit ermöglichen Objektivationen die Greifbarkeit von Sachverhalten über den Moment hinaus (Berger/Luckmann 2007, S. 37).

Doch indem ich meine Erfahrungen versprachliche, werden diese typisiert. Gleichzeitig geht ein gewisser Teil an Persönlichkeit verloren, da die Sprache mich zwingt, meine Erfahrungen in bereits bestehende Kategorien einzuordnen und ich mich somit nur mit Hilfe bestehender Typisierungen ausdrücken kann (dies. 2007, S. 41). „Sprache zwingt mich in ihre vorgeprägten Muster" (dies. 2007, S. 40). Dies ist jedoch notwendig, da nur so die Möglichkeit besteht, „[…] Sinn, Bedeutung, Meinung zu vermitteln, die nicht direkter Ausdruck des Subjekts `hier und jetzt´ sind" (dies. 2007, S. 39). Somit besitzt Sprache auch die

Fähigkeit, Wissen zu vermitteln und dieses sprachlich objektivierte Wissen wird über die Generationen hinweg weitergegeben (dies. 2007, S. 43).

Folgende Definition geben Berger und Luckmann über Wissen: „`Wissen´ definieren wir als die Gewißheit (!), daß (!) Phänomene wirklich sind und bestimmbare Eigenschaften haben" (Berger/Luckmann 2007, S 1). Speziell beschäftigen sie sich jedoch mit dem Wissen des alltagsweltlichen „Normalverbrauchers". Laut ihnen gibt es einen allgemeinen Wissensvorrat an gesellschaftlichem Alltagswissen, bei dem ich mir sicher sein kann, dass ich diesen zu einem gewissen Teil mit allen anderen teile.

Zu diesem Wissensvorrat gehört auch, dass ich mich selbst innerhalb der Gesellschaft verorten kann, ebenso wie diejenigen, die dieses Alltagswissen mit mir teilen, mich einer bestimmten Position zuordnen können. Ich kenne also meine Position in der Gesellschaft ebenso, wie meine Mitmenschen sie kennen, was wiederum Auswirkungen darauf hat, wie mit mir umgegangen wird (dies. 2007, S. 43). „Der gesellschaftliche Wissensvorrat ermöglicht somit die `Ortsbestimmung´ des Individuums in der Gesellschaft und seine entsprechende `Behandlung´" (ebd.).

Darüber hinaus sprechen die Autoren dem „Rezeptwissen" eine wichtige Stellung zu. Demnach ist der Mensch darauf ausgerichtet, stets nach einem bestimmten Zweck zu handeln und dies tut er bevorzugt nach „Rezeptwissen". Dies ist eine relativ oberflächliche Form von Wissen, die „nur auf das gerichtet [ist], was ich für praktische Zwecke heute und morgen wissen muß (!)" (dies. 2007, S. 44). Bei einem großen Teil des Alltagswissens verhält es sich dabei so und solange dieses „Rezeptwissen" funktioniert, besteht wenig Interesse daran, sich Wissen anzueignen, welches darüber hinausgeht. „So und ähnlich besteht ein großer Teil des gesellschaftlichen Wissensvorrats aus Rezepten zur Lösung von Routineproblemen. Solange ich Probleme mit ihrer Hilfe noch bewältigen kann, habe ich meistens kaum Interesse, über pragmatisches Wissen hinauszugehen" (ebd.).

2.4. Waum erscheint die Wirklichkeit gegeben, obwohl sie gemacht ist?

Um nun auf die zentrale Frage der Theorie nach Berger und Luckmann zurückzukommen, nämlich „[…] Wie ist es möglich, daß (!) menschliches *Handeln* […] eine Welt von *Sachen* hervorbringt", welche uns als „objektive[r]

9

Faktizität" begegnen (dies. 2007, S. 20), möchte ich zunächst auf das Menschenbild der Autoren eingehen. Ihrer Ansicht nach ist der Mensch von Natur aus ein Wesen, das mit einem äußerst eingeschränkten Instinktapparat ausgestattet ist. Es ist daher im Vergleich zum Tier sehr frei in seiner Entwicklung. Denn während „[…] alle nichtmenschlichen Lebewesen in geschlossenen Welten [leben], deren Strukturen durch die biologische Ausrüstung jeder Spezies im voraus (!) bestimmt sind", „ist die Umweltbeziehung des Menschen durch `Weltoffenheit´ charakterisiert" (dies. 2007, S. 50). Nun ist der Mensch innerhalb seines ersten Lebensjahres biologisch noch nicht ausgereift und daher verhältnismäßig stark auf seine Umwelt angewiesen. „Wichtige organismische Vorgänge, welche beim Tier im Mutterleib abgeschlossen werden, finden beim Menschen erst nach seiner Trennung von der mütterlichen Hülle statt" (dies. 2007, S. 50). Also steht der Mensch schon sehr früh in seiner Entwicklung in Beziehung zu seiner Umwelt. Diese besteht jedoch nicht nur aus der natürlichen Umwelt, sondern auch aus der bereits konstruierten gesellschaftlichen Wirklichkeit. „Vom Augenblick seiner Geburt an ist die organische Entwicklung des Menschen, ja, weitgehend seine biologische Existenz überhaupt, dauernd auch dem Eingriff gesellschaftlich bedingter Faktoren ausgesetzt" (dies. 2007, S. 51). Wir werden aber von unserer Umwelt geprägt und produzieren diese gleichzeitig auch selbst, denn „[d]ie eingeborene Instabilität seines Organismus zwingt den Menschen dazu, sich eine stabile Umwelt zu schaffen, um leben zu können" (Berger/Luckmann 2007, S. 56). Dies geschieht jedoch nicht durch einen einzelnen Menschen, sondern in Form eines gemeinschaftlichen Aktes. Denn ohne die Gemeinschaft Anderer könnte sich eine einzelne Person weder zum Menschen entwickeln, noch wäre sie in der Lage, eine menschliche Umwelt zu gestalten (dies. 2007, S. 54).

Doch schafft sich der Mensch eine Welt, die er schließlich nicht als eigenes Produkt wahrnimmt, (dies. 2007, S. 65) was zunächst paradox erscheint. Um dies verstehen zu können, muss man jedoch beachten, dass der Mensch mit seiner Umwelt in Wechselwirkung steht und er diese ebenso produziert, wie auch er von ihr produziert wird (ebd.). Diesen Prozess veranschaulichen die Autoren mit den Begriffen „Externalisierung", „Objektivation" und „Internalisierung" (ebd.). So steht „Externalisierung" für Entäußerungen, die der Mensch von sich gibt. Diese werden vergegenständlicht und treten uns als objektive Wirklichkeit entgegen, welche wir schließlich wieder „internalisieren", sprich uns „einverleiben". Die Internalisierung kann jedoch, erst durch die Weitergabe der objektivierten, gesellschaftlichen Welt an eine neue Generation ermöglicht werden. So wird mit der Internalisierung „[...] die vergegenständlichte gesellschaftliche Welt im Verlauf der Sozialisation ins Bewusstsein zurückgeholt [...]" (ebd.). Letztlich erscheint es sinnig, dass der Mensch die menschlich konstruierte Wirklichkeit nur als eine gegebene wahrnehmen kann, denn sie tritt ihm als eine objektive Tatsache entgegen (Berger/Luckmann, 2007, S. 63).

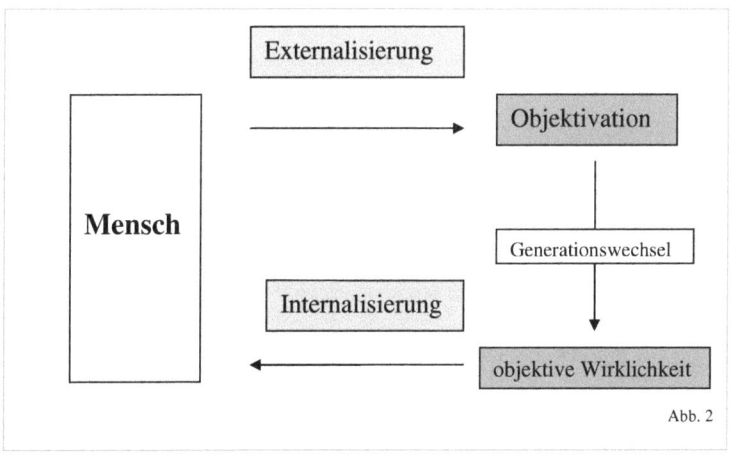

Abb. 2

„Gesellschaft ist ein menschliches Produkt. Gesellschaft ist eine objektive Wirklichkeit. Der Mensch ist ein gesellschaftliches Produkt" (dies. 2007, S.65).

3. Migrationsbericht 2008

3.1. Relevanz des Migrationsberichtes

Bevor ich zur migrationspädagogischen Perspektive Mecherils komme, möchte ich zunächst einen groben Überblick über die aktuelle Migrationssituation der Bundesrepublik Deutschland geben. Dabei stütze ich mich auf den Migrationsbericht des Bundesamtes für Migration und Flüchtlinge (BAMF) aus dem Jahr 2008.[2] Doch zunächst möchte ich darzustellen, welches Verständnis von

---

[2] Der Migrationsbericht 2008 ist momentan der aktuellste, zugängliche Bericht
„Das Bundeskabinett hat am 03.02.2010 den vom Bundesamt für Migration und Flüchtlinge erarbeiteten Migrationsbericht 2008 verabschiedet"

Migration verwendet wird und welche Relevanz die Ergebnisse des Berichts für die migrationsgesellschaftliche Wirklichkeit in Deutschland hat.

Bei der Frage, was überhaupt in die Kategorie „Migration" fällt, wird eine recht weite Definition verwendet: „Von Migration spricht man, wenn eine Person ihren Lebensmittelpunkt räumlich verlegt" (Migrationsbericht 2008, S 9). Es wird außerdem zwischen Binnen- und Außenwanderung unterschieden. Während Binnenwanderung die Wanderung innerhalb eines Nationalstaates bezeichnet, bezieht sich der Begriff der Außenwanderung auf die internationale Migration, über Staatsgrenzen hinweg. Nur die zuletzt genannte Form wird im Migrationsbericht berücksichtigt (ebd.). Somit spielen Staatsgrenzen und deren Überquerung für ein solches Verständnis von Migration eine entscheidende Rolle.[3]

Die im Bericht enthaltenen Daten sollen als Basis für migrationspolitische Entscheidungen bzw. Maßnahmen dienen und die Öffentlichkeit über die Migrationssituation informieren (Migrationsbericht 2008, S. 5 f.).

Folglich haben diese Daten, die auf der genannten Vorstellung von Migration basieren, Auswirkungen auf die gesellschaftliche Wirklichkeit.

3.2. Datenquellen des Berichtes

„In Deutschland hat mittlerweile fast jeder fünfte Einwohner einen Migrationshintergrund" (Migrationsbericht 2008, S. 5). Dies geht aus dem Migratonsbericht 2008 hervor, welcher von der Bundesregierung in Auftrag gegeben, und von Bundesamt für Migration und Flüchtlinge erstellt wurde. Es ist der mittlerweile siebte Bericht, in dem das Migrationsgeschehen in Deutschland behandelt wird.

Die Wanderungszahlen gehen aus der seit 1950 bestehenden amtlichen Zu- und Fortzugsstatistik hervor. In dieser werden jegliche Wohnungswechsel über die deutsche Staatsgrenze hinweg verzeichnet. Alle Migranten/Innen sind laut Gesetz dazu verpflichtet, sich im Falle eines solchen Wohnungswechsels bei der jeweiligen Meldebehörde an- bzw. abzumelden. Die Zu- und Fortzugsstatistik ist allerdings keine personenbezogene Statistik, sondern registriert nur die Anzahl der grenzüberschreitenden Umzüge und ist somit eine fallbezogene Statistik.

(http://www.bamf.de/nn_441880/DE/Migration/Forschung/Ergebnisse/Migrationsberichte/migrationsberichte-node.html?__nnn=true)
[3] „Migration problematisiert Grenzen" (Mecheril 2004, S. 42)

„Personen, die mehrmals pro Jahr zu- oder abwandern, gehen somit mehrmals in die Statistik ein, vorausgesetzt sie melden sich ordnungsgemäß an oder ab" (ebd.). Gleichzeitig werden Personen, die außer der deutschen Staatsangehörigkeit noch eine andere besitzen, als Deutsche in die Statistik aufgenommen (ebd.). Auch beachtet die Statistik nicht die Länge des Aufenthalts sowie die Form der Migration (z.B. Asylbewerber/Innen, Aussiedler/Innen etc.), sondern allein die Tatsache des Bezugs einer Wohnung. Die Zuwanderung muss somit nicht dauerhaft oder über einen längeren Zeitraum geschehen. (Migrationsbericht 2008, S. 10).

Neben dieser Statistik gehen unter Anderem auch Daten aus dem Ausländerzentralregister (AZR) mit in den Migrationsbericht ein. Diese sind differenzierter und berücksichtigen sowohl die verschiedenen Zuwanderungsgruppen als auch die Dauer ihres Aufenthaltes. Es werden allerdings nur Personen registriert, die sich länger als 3 Monate in Deutschland aufhalten (Migrationsbericht 2008, S. 11).

3.3. Überblick zum allgemeinen Migrationsfluss

Betrachtet man die Zuzüge nach Deutschland, hat sich deren Anzahl seit Mitte der 90er eher minimiert. So wurde im Jahr 2006 mit 662.000 Zuzügen die geringste Zuwanderungsrate seit der Wiedervereinigung verzeichnet. In der Zwischenzeit gab es wieder einen leichten Anstieg, sodass 2008 insgesamt 682.000 Zuzüge gemeldet wurden. Die meisten Zuwanderer kamen dabei aus Polen. Doch auch die Zuwanderungszahlen rumänischer und bulgarischer Zuwanderer sind sehr stark angestiegen (Migrationsbericht 2008, S. 6f.). Allgemein betrug der Anteil ausländischer Staatsangehöriger am Zuwanderungsgeschehen im Jahr 2008 84,1%. Der Anteil deutscher Staatsangehöriger lag folglich bei 15,9%. Dabei muss wiederum berücksichtigt werden, dass die in Deutschland aufgenommenen Spätaussiedler auch größtenteils als Deutsche in die Zuzugsstatistik einfließen. Knapp ¾ aller 2008 zugezogenen Personen stammten aus Europa. 13,5% kamen aus Asien und weitere 3,7% aus Afrika nach Deutschland. Der Zuzugsanteil aus Amerika, Australien und Ozeanien beläuft sich insgesamt aus 9,1% (Migrationsbericht 2008, S. 14f.).

Im Hinblick auf Auswanderung wurden 2008 738.000 Fortzüge verzeichnet. Im Jahr davor waren es noch 637.000. Dieser deutliche Anstieg der Fortzugsrate kann teils aber auf die 2008 durchgeführte Bereinigung des Melderegisters zurückgeführt werden, bei der etliche Abmeldungen durch das Amt durchgeführt wurden. Insgesamt hielt sich die Anzahl der Auswanderungen in den Jahren 1997-2008 zwischen 600.000 und 750.000 (Migrationsbericht 2008, S. 7). Die Fortzüge deutscher Staatsangehöriger sind in den letzten Jahren angestiegen. Sie wandern hauptsächlich in die Schweiz aus. „Hauptzielland deutscher Auswanderer ist seit 2004 die Schweiz" (Migrationsbericht 2008, S. 8). So zogen im Jahr 2008 etwa 30.000 Deutsche in das Nachbarland. Der Anteil von Personen mit deutscher Herkunft an der Zahl der Fortzüge betrug im Jahr 2008 23,7% und stellt die höchste Zahl an Fortzügen dieser Personengruppe seit Beginn der 1950er Jahre dar. Die meisten der Auswanderer/Innen (74,2%) zogen in ein anderes europäisches Land. „Der Anteil der Fortzüge nach Asien betrug 11,4% derjenige nach Amerika, Australien und Ozeanien 10,0%. Nach Afrika wanderten lediglich 3,3%" (Migrationsbericht 2008, S. 14f.).

Allgemein wurden in den Jahren von 1991 bis 2008 ca. 16,5 Millionen Zuzüge nach Deutschland registriert. In diesem Zeitraum kam es wiederum zu 12,3 Millionen verzeichneten Fortzügen. Daraus ergibt sich ein Wanderungsüberschuss von etwa 4,2 Millionen. (Migrationsbericht 2008, S. 12)

Betrachtet man das Wanderungsgeschehen in ganz Europa, so ist Deutschland, obwohl es im Verlauf der letzten Jahre von Spanien als Hauptaufnahmeland abgelöst wurde, nach wie vor ein Hauptzielland von Migranten/Innen (Migrationsbericht 2008, S. 8).[4]

4. Die Perspektive Mecherils

4.1. Der migrationspädagogische Blick

Paul Mecheril nimmt eine migrationspädagogische Perspektive ein, welche sich auf die migrationsgesellschaftliche Wirklichkeit richtet. Ein bedeutender Fokus liegt dabei auf der Frage, welche Konsequenzen sich für die pädagogische Praxis durch die Tatsache von Migrationsphänomenen ergeben.

In seinem Verständnis von Migration geht es vor allem um Grenzen, die überschritten werden müssen, damit man von Migration sprechen kann. So definiert er Migration folgendermaßen: „Die biografisch relevante Überschreitung

---

[4] „Migration stellt den Normal- und nicht den Ausnahmezustand europäischer Gesellschaften dar."
(Mecheril 2004, S. 23)

kulturell, juristisch, lingual und (geo-) politisch bedeutsamer Grenzen kann als Migration bezeichnet werden" (Mecheril et al. 2010, S. 35). Dabei handelt es sich jedoch nicht um natürliche, sondern um erschaffene bzw. konstruierte Grenzen, doch darauf möchte ich später noch näher eingehen.

Deutschland bezeichnet er als ein „Migrationsland", in dem Migrationsphänomene entscheidende Auswirkungen auf die gesellschaftliche Wirklichkeit haben. Mecheril befasst sich mit eben dieser migrationsgesellschaftlichen Wirklichkeit und fasst die Gesellschaft dabei als eine „Migrationsgesellschaft" auf, denn laut ihm betrifft Migration „[…] in einem so entscheidenden Maße gesellschaftliche Wirklichkeit, dass der Ausdruck Migrationsgesellschaft angemessen ist" (Mecheril 2004, S. 8).

Doch kritisiert er, dass obwohl Deutschland seit den 50er Jahren des vergangenen Jahrhunderts zum wichtigsten Ziel von Migration in Europa geworden ist, dies politisch lange Zeit ignoriert wurde. Das habe dazu beigetragen, dass auch heute noch „[…] ˋMenschen mit Migrationshintergrundˊ als Fremde und ˋeigentlich nicht Zugehörigeˊ konstruiert und behandelt werden" (ders. 2004, S. 7f.). Laut Mecheril hat sich nicht nur die Politik lange Zeit mit der Tatsache der Migration schwer getan, auch andere Institutionen, darunter vor allem die der pädagogischen Praxis wurden und sind weiterhin vor Aufgaben der Umgestaltung gestellt. „[…] die Bundesrepublik Deutschland und ihre Bildungseinrichtungen tun sich mit der vielfältigen Realität der Migration schwer" (ders. 2004, S. 9f.). Allgemein habe die Tatsache der Migration etliche grundlegende Auswirkungen auf die Pädagogik (Mecheril et al. 2010, S. 10).

Eine Migrationspädagogik im Sinne Mecherils beschäftigt sich mit der Frage nach Zugehörigkeitsordnungen und der Unterscheidungen zwischen „Anderen" und „Nicht-Anderen", welche stets auch mit einer Hierarchisierung einhergeht (dies. 2010, S. 15f.). Seine Perspektive stellt er folgendermaßen dar: *„Migrationspädagogik beschäftigt sich mit Zugehörigkeiten und den Bedingungen und Konsequenzen ihrer Herstellung"* (dies. 2010, S. 13). „Sie bezeichnet einen Blickwinkel, unter dem Fragen gestellt und thematisiert werden, die bedeutsam sind für eine Pädagogik unter den Bedingungen einer Migrationsgesellschaft" (dies 2010, S. 19).

4.2. Wer ist ein/e MigrantIn?
- Der Begriff der „Migrationsanderen"

Die Erzeugung und Wahrnehmung von „Migrationsanderen" ist ein zentraler Aspekt meiner Arbeit. Daher möchte ich an dieser Stelle diesen Begriff kurz näher betrachten. Auf die eigentliche Konstruktion von „Migrationsanderen" werde ich im weiteren Verlauf noch eingehen. Hier möchte ich zunächst eine kurze Erläuterung dieses Begriffes nach Mecheril geben, um zu verdeutlichen, wie dieser innerhalb meiner Arbeit aufgefasst wird.

Mecheril betont, dass es wichtig ist, den allgemeinen Begriff des/der Anderen von dem/der Anderen innerhalb der Migrationspädagogik zu unterscheiden (Mecheril 2004, S. 19). So existieren „Migrationsandere" nicht an sich. Vielmehr sind sie das Ergebnis „[…] einer politischen und kulturellen – Relation" (Mecheril 2004, S. 24). Diese Relation zeigt sich z.B. in der Unterscheidung von „Einheimischen" und „Ausländern" bzw. „Migranten" – und „Nicht – Migranten". Die jeweiligen Gruppen konstruieren sich über eine wechselseitige Abgrenzung voneinander. Die Bezeichnung „Migrationsandere" soll verdeutlichen, dass diese Anderen von der Gesellschaft erzeugt sind und bloß als *„relationale Phänomene"* bestehen (Mecheril et al. 2010, S. 16f.). „Wichtig ist es, den Konstruktionscharakter der Rede von `Migrationsanderen´ nicht aus den Augen zu verlieren. `Migrationsandere´ ist ein Werkzeug der Konzentration, Typisierung und Stilisierung, das auf Kontexte, Strukturen und Prozesse der Herstellung der *in einer Migrationsgesellschaft als Andere geltenden Personen* verweist" (ebd.).

5. Gegenüberstellung beider Perspektiven

5.1. Die Perspektive Mecherils im Vergleich mit der Position Bergers und Luckmanns

Wie bereits erwähnt, nimmt Mecheril eine migrationspädagogische Perspektive ein und betrachtet unter dieser die migrationsgesellschaftliche Wirklichkeit. Denn laut ihm betrifft Migration nicht nur einzelne gesellschaftliche Teilbereiche, sondern die Gesellschaft im Ganzen (Mecheril et al. 2010, S. 9). Die Perspektive von Berger und Luckmann hingegen hat einen anderen Schwerpunkt. Wie aus dem Untertitel ihres Buches zur „gesellschaftlichen Konstruktion der Wirklichkeit" hervorgeht, ist ihr Blickwinkel ein (wissens-) soziologischer, unter dem sie die „Wirklichkeit der Alltagswelt" betrachten.

So lässt sich sagen, dass beide Perspektiven sich mit gesellschaftlicher Wirklichkeit auseinander setzen, der jeweilige Fokus dabei jedoch ein völlig anderer ist. Dies wird stärker verdeutlicht, wenn man die zentralen Anliegen bzw. Fragen der Autoren gegenüberstellt. Während Berger und Luckmann sich mit der Frage beschäftigen, warum den Menschen die „Wirklichkeit der Alltagswelt" als etwas Gegebenes und Konstantes erscheint, obwohl sie doch vom Menschen selbst gemacht ist, fragt Mecheril nach den Konsequenzen die sich für die pädagogische Praxis durch die Tatsache von Migrationsphänomenen ergeben.

Obwohl die Interessen der Autoren sehr verschieden sind, ist ihnen gemeinsam, dass sie die gesellschaftliche Wirklichkeit und ihre Erzeugung näher betrachten und dabei ähnliche Ansichten vertreten. Welche das sind, möchte ich im Folgenden herausarbeiten.

5.2. Kategorisierung in Form von Zugehörigkeit bzw. Typisierung

Die Unterteilung in „Migranten" und „Nicht - Migranten" ist laut Mecheril Teil der alltäglichen Welt und bestimmt das menschliche (pädagogische) Handeln. Sie wird dabei als etwas Selbstverständliches wahrgenommen (Mecheril 2004, S. 28). Gleichzeitig sind jedoch die „Migrationsanderen" diejenigen, die als anders und als vom „Normaltyp" abweichend verstanden werden (ders. 2004, S. 46). Die dahinter verborgene Normalitätsvorstellung unterscheidet und produziert somit auch „Dazugehörige" und „Fremde" (ders. 2004, S. 48).

Mecheril spricht in diesem Zusammenhang von der Relevanz der Zugehörigkeit bzw. „natio – ethno – kultureller" Zugehörigkeitsordnungen. So suggeriert die Bezeichnung „deutsch" beispielsweise eine Gemeinschaft unter Deutschen. Dabei sind jedoch viele unterschiedliche Vorstellungen damit verknüpft, wer oder was eigentlich „deutsch" ist. Der Begriff ist also äußerst unklar. Dies soll laut Mecheril durch den Begriff „natio-ethno-kulturell" verdeutlicht werden, denn er weist auf, dass es sich hier um mehrere undeutliche Zuschreibungen handelt, die gegenseitig aufeinander verweisen (Mecheril 2004, S. 20ff.). „Der Ausdruck `deutsch´ ist überbestimmt, diffus und unscharf – die Bezeichnung `natio-ethno-kulturell´ bringt dies zum Ausdruck" (Mecheril et al. 2010, S. 14). Die gesellschaftliche Wirklichkeit Deutschlands ist von zahlreichen „natio – ethno – kulturellen" Gruppen geprägt, die sich als jeweils different zueinander verstehen und sich reziprok als „Andere" konstruieren. Doch die übergeordnete Unterscheidung, welche die Zughörigkeiten zu verschiedenen „natio – ethno –

kulturellen" Gruppen umfasst, ist die Unterscheidung in „Migrationsandere" und „Nicht – Migrationsandere" (Mecheril 2004, S. 23).

Und so lässt sich die Frage nach „natio – ethno – kultureller" Zugehörigkeit, ebenso wie die Frage, wer als Migrant/Migrantin zu verstehen ist, nicht eindeutig beantworten. Es besteht ein Bündel an möglichen Aspekten, die für eine solche Festlegung eine Rolle spielen. Darunter fallen sowohl die Wanderung an sich, als auch die Herkunft, kulturelle Differenzen und der Besitz der deutschen Staatsbürgerschaft (ders. 2004, S. 48). Die einzelnen Aspekte ordnet Mecheril zwei Ebenen zu, die er als „formel" bzw. „informel" festlegt. „Ob jemand als *Migrant/Migrantin* angesehen und bezeichnet wird, ist also von unterschiedlichen Bedingungen auf formeller und informeller Ebene abhängig" (ders. 2004, S. 52). Eine Festlegung auf formeller Ebene orientiert sich an gesetzlichen Vorlagen und damit einhergehend an dem Zuspruch der deutschen Staatsangehörigkeit. Die informelle Festlegung jedoch wird laut Mecheril über so genannte „Mitgliedschaftssignale", wie die äußere Erscheinung und bestimmte Verhaltensweisen, innerhalb des „alltäglicher Lebenswelten" entschieden (Mecheril 2004, S. 50f.).

Sowohl die informelle, als auch die formelle Erzeugung von Migranten/Innen basiert auf dem Gedanken des Nationalstaates (ders. 2004, S. 52). Doch ist die Idee der Deutschen Nation im Grunde eine durch die Menschen erzeugte Konstruktion, innerhalb der die deutsche Gesellschaft sich als eine „*Gesellschaft einer Mehrheit*" definiert (ders. 2004, S. 8f.). Aber so etwas, wie ein ursprüngliches Deutschland, in dem „`die Deutschen´ noch unter sich waren" hat niemals existiert (ders. 2004, S. 11). Mecheril betont, dass Deutschland und die Zugehörigkeit zur deutschen Nation konstruiert sind und, dass man bedenken muss, dass Deutschland als Nation erst seit relativ kurzer Zeit besteht, dies nur mit Hilfe von Gewalt und Macht durchgesetzt werden konnte und auch innerhalb dieser Nation Differenzen bestehen (Mecheril 2004, S. 12).

Setzt man diese Gedanken Mecherils nun in Bezug zu der Theorie von Berger und Luckmann, lassen sich einige Parallelen aufweisen. So gehen beide Perspektiven von einem Sachverhalt aus, den ich als Kategorisierung bezeichnen möchte. Während Mecheril von „Zugehörigkeit" spricht, führen Berger und Luckmann den Begriff der „Typisierung" auf. Hinter beidem verbirgt sich die Idee einer Zuordnung meiner Mitmenschen, aber auch meiner Selbst in bestimmte

Typen. Man könnte hier auch den alltagssprachlichen Begriff des „Schubladendenkens" aufführen. So verwendet Mecheril beispielsweise den Begriff des „Normaltyp(en)" (Mecheril 2004, S. 46), Berger und Luckmann geben unter anderem das Beispiel „`eine(s) typischen Europäer(s)´" (Berger/Luckmann 2007, S. 33).

Auch bestehen Übereinstimmungen in dem Punkt, dass solche Kategorisierungen, bzw. Zugehörigkeiten oder Typisierungen in der alltäglichen Wirklichkeit gegeben sind, dabei jedoch von den Menschen selbst erzeugt werden. Mecheril spricht von der „[...] Konstruktion des Unterschieds zwischen `Migrant/in´ und `Nicht - Migrant/in´ [...]" (Mecheril et al. 2010, S. 37), während Berger und Luckmann aufführen, dass Typisierungen der Alltagswelt entnommen werden (Berger/Luckmann 2007, S. 33) und diese Alltagswelt wiederum „[...] verdankt jedermanns Gedanken und Taten ihr Vorhandensein und ihren Bestand" (dies. 2007, S. 21f.).

Doch ebenso, wie Kategorisierungen auf dem menschlichen Denken und Tun basieren, steuern sie dieses auch. So sagen Berger und Luckmann: „Die Wirklichkeit der Alltagswelt verfügt über Typisierungen, mit deren Hilfe ich den Anderen erfassen und behandeln kann" (dies. 2007, S. 33), also hat die gewählte Typisierung Einfluss darauf, wie ich mit meinem Gegenüber umgehe. Auch Mecheril betont, dass „[...] `Menschen mit Migrationshintergrund´ als Fremde und `eigentlich nicht Zugehörige´ konstruiert und behandelt werden" (Mecheril 2004, S. 8).

Berger und Luckmann betonen jedoch auch, dass die anfangs gewählten Typisierungen sich durchaus wandeln können und dies am ehesten im direkten Austausch mit dem Gegenüber geschieht (vgl. 2.2. „Die Bedeutung von Typisierungen"). Dies wird innerhalb Mecherils Perspektive zwar nicht explizit aufgeführt, doch richtet sich sein Blick auch nicht so sehr auf den einzelnen Anderen, welchem ich von Angesicht zu Angesicht begegne, sondern auf die „Migrationsanderen" und ihre Zugehörigkeit innerhalb der deutschen Gesellschaft. An dieser Stelle muss auch auf die verschiedenen Auffassungen von den Anderen hingedeutet werden, denn während Mecheril speziell die „Migrationsanderen" in den Blick fasst, beschäftigen sich Berger und Luckmann mit dem/der Anderen an sich, also als Mitmenschen mit denen ich meine Alltagswelt teile.

19

Folglich ist auch der Blick auf die Arten von Kategorisierungen unterschiedlich, da Berger und Luckmann alle möglichen Formen der Typisierung in Betracht ziehen, Mecheril hingegen im Allgemeinen die Kategorie „Migrationsandere" und „Nicht – Migrationsandere" fokussiert.

5.3. Diskurse bzw. Zeichensysteme als Mittel von Wirklichkeitserzeugung

Mecheril betont, dass die Unterscheidungen in Migrationsandere und Nicht – Migrationsandere keine natürliche ist, auch wenn sie als selbstverständlich wahrgenommen werden mag. Stattdessen wird sie innerhalb von Diskursen ständig neu erzeugt (Mecheril et al. 2010, S. 13). „Migration muss vielmehr als Gegenstand von Diskursen und als Gegenstand politischer und alltagsweltlicher Auseinandersetzungen verstanden werden […]." (Mecheril 2004, S. 42)

Zum Verständnis des Diskursbegriffes, schlägt er sowohl eine weite, als auch eine enger gefasste Definition vor. An dieser Stelle möchte ich zunächst letztere vorstellen, welche wie folgt lautet:

„Diskurse bestehen aus Aussagen, die in einem veränderlichen System der Wiederholung und Ähnlichkeit verbunden sind. Unter `Aussagen´ sind hierbei nicht gesprochene Worte zu verstehen, sondern in einem weitem Sinn alle mit Bedeutung versehenen und Bedeutungen erzeugende Zusammenhänge und Prozesse wie Bilder, Gesten, architektonische Gebilde und institutionelle Abläufe. Insbesondere weil Diskurse in komplexer Weise mit Institutionen verbunden sind, konstituieren sie sich als *materielle Wirklichkeit*" (Mecheril 2004, S. 43).

Innerhalb von Diskursen werden auch Aussagen darüber gemacht, wen man als „Migartionsandere" verstehen kann, somit entscheidet sich dort, wer zugehörig ist und wer nicht. „Diskurse über Andere machen die Anderen zu dem, was sie sind und produzieren zugleich Nicht-Andere" (ders. 2004, S. 45). Folglich hat der Diskurs auch eine starke Auswirkung auf die soziale Wirklichkeit.

Auch wenn Mecheril betont, dass Diskurse nicht nur aus gesprochenen Aussagen bestehen, versteht er Sprache in diesem Zusammenhang nicht bloß als Widerspiegelung von Wirklichkeit, sondern vielmehr als ein „wirklichkeitstragendes und - konstituierendes Phänomen" (ders. 2004, S. 43). Damit weist er der Sprache einen hohen Stellenwert in Bezug auf die Wirklichkeitserzeugung zu. Auch sieht er Sprache nicht nur als ein Werkzeug der Wirklichkeitserzeugung, sondern auch als „[…] ein Mittel des Herstellung und

Artikulation gesellschaftlicher Anerkennung" (Mecheril et al. 2010, S. 100). Laut ihm ist Sprache innerhalb einer Migrationsgesellschaft auch stets mit Macht verknüpft, denn nicht jede Sprache erfährt darin die gleiche Anerkennung bzw. Bewertung (dies. 2010, S. 100f.). So geht die hohe Wertigkeit der deutschen Sprache innerhalb der deutschen Migrationsgesellschaft laut Mecheril mit der Idee des deutschen Nationalstaates einher (dies. 2010, S. 106).

Auch Berger und Luckmann gehen von einer konstruierten „Wirklichkeit der Alltagswelt" aus, doch an Stelle des Diskursbegriffs steht bei ihnen die Objektivation durch Zeichensysteme. So geben sie das Beispiel einer zur Zorn geballten Faust, die über das Zeichensystem der Gestik den Zorn objektiviert, also vergegenständlicht (Berger/Luckmann 2007, S. 26f.). Ebenso, wie innerhalb eines Diskurses „Aussagen" über einen Sachverhalt gemacht werden, welche die Alltagswirklichkeit prägen, werden mit Hilfe von Zeichensystemen Objektivationen erstellt, die die Wirklichkeit erst zu einer solchen machen. „Die Wirklichkeit der Alltagswelt ist nicht nur voll von Objektivationen, sie ist vielmehr nur wegen dieser Objektivationen wirklich" (dies. 2007, S. 37). Auch die Sprache spielt innerhalb der Theorie nach Berger und Luckmann eine bedeutende Rolle. Zwar wird sie nicht direkt unter dem Aspekt der Anerkennung betrachtet, doch wird ihr, wie bei Mecheril, die größte Relevanz für die Wirklichkeitserzeugung unter allen anderen Zeichensystemen zugesprochen. Denn sie zeichnet sich durch eine hohe „Vielfalt und Kompliziertheit" aus und eignet sich laut den Autoren daher besonders gut, Sachverhalte zu transportieren (dies. 2007, S. 39). Mit Hilfe der Sprache lassen sich Objektivationen erstellen, welche „die Wirklichkeit der Alltagswelt" erst wirklich machen können (Berger/Luckmann 2007, S. 26f.).

Auch hier muss jedoch wieder betont werden, dass obwohl jeweils ähnliche Vorgänge beschrieben werden, die Perspektiven sich dabei doch unterscheiden. Mecheril fokussiert den Diskurs über „Migratiosandere", der dieselbigen erzeugt. Berger und Luckmann fassen das Thema dabei weiter und betrachten, wie die alltägliche Wirklichkeit hervorgebracht wird.

5.4. Wissen als Machtinstrument gesellschaftlicher Positionierung

Betrachtet man nun die weit gefasste Definition von Diskurs, heißt es: „Allgemein bezeichnet *Diskurs* den Fluss von Wissen über etwas. In Diskursen wird Wissen über einen Gegenstand prozessiert" (Mecheril 2004, S. 43).

21

Folglich gehen Diskurse auch mit Macht einher. Sie erzeugen Wissende und solche, über die etwas gewusst wird. Dabei haben die Produzenten des Diskurses in gewisser Weise Macht über den Gegenstand eines Diskurses, denn er wird von Ihnen erzeugt (ders. 2004, S. 44f.). Nach Mecheril sind „Diskurse [...] als Machtphänomene zu verstehen" (ders. 2004, S. 44). Denn sie erzeugen Wissen, das Auswirkungen auf die soziale Wirklichkeit hat und das Handeln der Menschen beeinflusst (ebd.). Somit sind auch „[...] Zugehörigkeitsdiskurse [...] produktiv und machtvoll." (Mecheril 2004, S. 46), denn eine Unterscheidung in „Migrationsandere" und „Nicht – Andere" ist stets auch eine *„machtvolle Unterscheidung"* (ders. 2004, S. 19), die Hierarchien erzeugt. Über sie wird der Mensch nicht nur in der Gesellschaft verortet, sondern auch in seiner Handlung beeinflusst. „Der Gegenstand eines Diskurses wird im und vom Diskurs hervorgebracht. Das diskursive Wissen ist eines, das soziale Wirklichkeiten – und nur diese interessieren in unserem Zusammenhang – schafft, also Zusammenhänge zur Folge hat, die das Handeln von Menschen ermöglichen oder verhindern" (ders. 2004, S. 44).

Wissen als Werkzeug gesellschaftlicher Positionierung taucht auch bei Berger und Luckmann auf. Im Gegensatz zu Mecheril betrachten sie dieses jedoch nicht im Rahmen eines Diskurses. Laut ihnen wird es größtenteils in sprachlich objektivierter Form weitergegeben (Berger/Luckmann 2007, S. 43). Dabei fokussieren sie das Wissen des alltagsweltlichen „Normalverbrauchers". Diese Form von Wissen wird von dem größten Teil der Gesellschaft geteilt und ermöglicht eine gemeinsame Verständnisbasis. Dabei hat es, wie auch bei Mecheril, Einfluss auf die Verortung eines Menschen innerhalb der Gesellschaft. Doch während er mehr die Beeinflussung der Handlungsmöglichkeiten des jeweiligen Menschen betont, sprechen Berger und Luckmann eher von der „Behandlung" von außen. „Der gesellschaftliche Wissensvorrat ermöglicht somit die `Ortsbestimmung´ des Individuums in der Gesellschaft und seine entsprechende `Behandlung´" (ebd.). Auch betrachten sie darüber hinaus die Wissensform des „Rezeptwissens" Dies ist routiniertes Wissen, auf das der Mensch in seinem Alltag zugreift und welches er auch bevorzugt verwendet, solange es funktioniert (Berger/Luckmann 2007, S. 44).

Mecheril differenziert nicht zwischen verschiedenen Wissensformen, wohl aber bestehen laut ihm verschiedene Formen von Diskursen, in denen Wissen über unterschiedliche Sachverhalte produziert wird, wie beispielsweise innerhalb von Zugehörigkeitsdiskursen, aus die er schließlich seinen Fokus wirft.

Letztlich gehen beide Perspektiven davon aus, dass Wissen über die Macht verfügt, Individuen in einer bestimmten gesellschaftlichen Nische zu positionieren. Dabei ist dieses Wissen jedoch wiederum eine Konstruktion, die eindeutige Auswirkungen auf die alltägliche Wirklichkeit hat. Es kann die Menschen einschränken, indem es zum einen darüber entscheidet, wie mit ihnen umgegangen wird bzw. die Handlungsmöglichkeiten jener festlegt.

6. Resümee

Eine theoretisch – vergleichende Perspektive auf die Positionen von Berger und Luckmann und Mecheril beinhaltet gleichzeitig auch einen Vergleich zwischen einem (wissens-) soziologischen und einem migrationspädagogischen Blick. So wird bei ersterem die „Wirklichkeit der Alltagswelt" betrachtet, während innerhalb der migrationspädagogischen Position Mecherils die migrationsgesellschaftliche Wirklichkeit im Fokus liegt. Es sind zwar eindeutig unterschiedliche Schwerpunkte gesetzt, jedoch werfen beide Perspektiven den Blick auf Gesellschaft und die Erzeugung gesellschaftlicher Konstruktionen, sowie deren Auswirkungen auf gesellschaftliches Leben.

Dabei spielt die Anwendung verschiedener Kategorien eine entscheidende Rolle. Ob man diese als „Typisierung", oder „Zugehörigkeit" darstellt: letztlich geht es darum, seine Mitmenschen einer bestimmten Kategorie zuzuordnen, welche zwar eine Konstruktion ist, jedoch trotzdem Auswirkungen auf das wirkliche Alltagsleben hat. Solche Konstruktionen sind gesellschaftlich gemacht und somit nicht natürlich. Sie entstehen durch Aussagen innerhalb von Diskursen bzw. durch ihre „Objektivierung" mit Hilfe von Zeichensystemen (vgl. „5.3. Diskurse bzw. Zeichensysteme als Mittel von Wirklichkeitserzeugung"). Letztendlich geht es stets um die schöpferische Kraft menschlichen Ausdrucks. Sprache wird dabei eine besonders wichtige Rolle zugesprochen, denn sie ist ein „wirklichkeitstragendes und - konstituierendes Phänomen" (Mecheril 2004, S. 43), das sich besonders gut eignet, um Sachverhalte bzw. Wissen zu transportieren (Berger/Luckmann 2007, S. 39). Auch Wissen ist ein zentraler Aspekt in Hinblick auf Wirklichkeitskonstruktion, speziell auf die Verortung des Individuums innerhalb der Gesellschaft, welcher starken Einfluss auf die Behandlung bzw. Handlungsmöglichkeiten eines Individuums hat. (Mecheril 2004, S. 44). Somit geht mit dem Wissen über einen Gegenstand auch eine gewisse Macht über ihn einher (Berger/Luckmann 2007, S. 43). Derartige Konstruktionen haben also eindeutig Einfluss auf gesellschaftliches Handeln Leben und somit auch auf pädagogisches Handeln.

Mecheril verweist im Bezug auf die (migrations-) pädagogische Praxis auf das Problem von nötiger „Anerkennung von Zugehörigkeit" einerseits und dem Ziel der Dekonstruktion der Zugehörigkeitsvorstellungen andererseits. Es besteht eine Spannung zwischen diesen beiden Polen, welche sich nach Mecheril jedoch nicht auflösen lässt. „Diese Spannung zwischen Anerkennung von Zugehörigkeit und der dekonstruktiven Idee der Verschiebung ist nicht bereinigbar" (Mecheril et al. 2010, S. 190). So ist es im Bereich der schulischen Bildung beispielsweise wichtig, einer heterogenen Schülerschaft gerecht zu werden und alle gleichermaßen zu fördern. Sobald man jedoch spezielle Angebote gestaltet, wie z.B. Förderunterricht für SchülerInnen mit Migrationshintergrund, wird nach dem System der Zughörigkeit gehandelt und Differenz erzeugt.

Als eine mögliche Umgangsweise mit diesem Problem schlägt Mecheril eine reflexive pädagogische Haltung vor. Innerhalb einer solchen Haltung soll berücksichtigt werden, dass eine Reproduktion von „Migrationsanderen" unter deren gleichzeitige Anerkennung unumgänglich ist. Dies soll im Rahmen des pädagogischen Handelns reflektiert werden und dazu beitragen, „[…] dass weniger Macht und Gewalt ausgeübt werden" (Mecheril et al. 2010, S. 190f.). So bezweckt ein solcher reflexiver Umgang mit diesem Problem nicht dessen völlige Auflösung, sondern die Verminderung von Macht über Andere. Dabei sollen jedoch nicht einzelne Pädagogen, sondern das diskursive Wissen über einen Gegenstand hinterfragt werden. „Übersetzt auf pädagogische Zusammenhänge heißt dies: Gegenstand pädagogischer Reflexivität ist primär nicht der individuelle Pädagoge/die Pädagogin, sondern das im pädagogischen Handeln und Deuten maskierte erziehungswissenschaftliche, kulturelle und alltagsweltliche Wissen (zum Beispiel über `die Migrant/innen´)" (dies. 2010, S. 191).

Ich denke auch, dass die Spannung zwischen der Idee der Dekonstruktion von Zugehörigkeit und der nötigen Anerkennung von Heterogenität sich nicht lösen lässt. Vor allem, da migrationsrelevante Zugehörigkeitskategorien, in Form von „Migrationsandere" und „Nicht-Andere", auch stark mit festgelegten Grenzen zusammenhängen. „In der politischen und alltagsweltlichen Diskussion um das

Thema Migration geht es immer auch um die Frage, wie eine nationalstaatliche Gesellschaft ihre Grenze festlegt und wie sie innerhalb dieser Grenze mit Heterogenität und Ungleichheit umgeht. Migration thematisiert *Grenzen*. In der Regel sind dies nicht die territorialen Grenzen, sondern eher symbolische Grenzen der Zugehörigkeit" (Mecheril 2004, S. 42). Da sich jedoch beispielsweise nationalstaatliche Grenzen nicht einfach auflösen lassen, muss man einen Weg finden, mit ihnen umzugehen. Auch wenn es keine vollständige Lösung ist, ist ein reflexiver Umgang mit Grenzen und „Zugehörigkeitsordnungen" von hoher Wichtigkeit, um Machtprozesse gegebenenfalls zu minimieren. Zu einer solchen reflexiven Betrachtungsweise gehört meiner Meinung nach auch die Thematisierung der Konstruiertheit von gesellschaftlicher Welt und speziell von „Zugehörigkeitsordnungen". Denn wenn man sich bewusst macht, dass Kategorien, wie „Migrationsandere" gemacht und nicht gegeben sind, ist es leichter, diese zu hinterfragen und im Zusammengang mit pädagogischem Handeln zu reflektieren.

Literatur

Berger, Peter L. & Luckmann, Thomas: Die gesellschaftliche Konstruktion der Wirklichkeit. Eine Theorie der Wissenssoziologie. 21. Auflage. Frankfurt am Main: Fischer Taschenbuch Verlag, 2007.

Langenscheidt – Redaktion: Langenscheidts Power Wörterbuch Französisch. Berlin und München: Langenscheidt KG, 1999.

Mecheril, Paul: Einführung in die Migrationspädagogik. Weinheim und Basel: Beltz Verlag, 2004.

Mecheril, Paul et al.: Migrationspädagogik. Weinheim und Basel: Beltz Verlag, 2010.

Wermke, Matthias & Kunkel-Razum Kathrin & Scholze-Stubenrecht Werner (Hrsg.): Duden. Das Fremdwörterbuch. 9., aktualisierte Auflage. Band 5. Mannheim: Dudenverlag, 2007

Internetquellen

http://www.bamf.de/cln_180/SharedDocs/Anlagen/DE/Migration/Publikationen/Forschung/Migrationsberichte/migrationsbericht-2008,templateId=raw,property=publicationFile.pdf/migrationsbericht-2008.pdf (20.06.2010, 16:00)

(in der Arbeit abgekürzt als „Migrationsbericht 2008")

http://www.bamf.de/nn_441880/DE/Migration/Forschung/Ergebnisse/Migrationsberichte/migrationsberichte-node.html?__nnn=true (25.06.2010, 19:50 Uhr)

http://www.zeit.de/2010/25/DOS-Deutschstunde (20.07.2010, 11:30 Uhr)

BEI GRIN MACHT SICH IHR WISSEN BEZAHLT

- Wir veröffentlichen Ihre Hausarbeit,
  Bachelor- und Masterarbeit

- Ihr eigenes eBook und Buch -
  weltweit in allen wichtigen Shops

- Verdienen Sie an jedem Verkauf

Jetzt bei www.GRIN.com hochladen
und kostenlos publizieren